ALMANZOR,

TRAGÉDIE,

PAR M. VIEILLARD

DE BOISMARTIN,

Représentée pour la premiére fois sur le Théâtre de Rouen le 2 Juillet 1771.

*Me quoque Parnaffi per lubrica culmina raptat
Laudis amor.*
          Van. Præd. Ruft. lib. prem.

Prix, 24 fols.

A ROUEN,

Chez BEHOURT, Libraire, rue Grand-Pont, au coin de celle du Fardeau.

M. DCC. LXXI.

A SON ALTESSE SÉRÉNISSIME

Mgr. LE PRINCE

DE

MONACO.

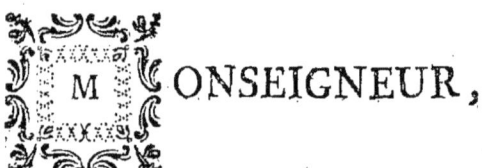ONSEIGNEUR,

C'est une satisfaction bien grande pour moi, de pouvoir offrir à votre Altesse un Ouvrage applaudi par le public ; mais quelque flatteur que son succès ait été à la représentation, quelqu'accueil que le Lecteur daigne lui faire, rien ne m'affectera jamais plus sensiblement que la permission que vous m'avez accordée de le faire paraître sous vos auspices.

ÉPITRE DÉDICATOIRE.

Ce ferait fans doute ici le lieu de placer l'Éloge de vos illuftres Ayeux à côté du vôtre, de déveloper aux yeux de la France les connaiffances profondes de votre efprit, les rares & fublimes qualités de votre cœur, & ces vertus qui impriment le refpect & l'admiration dans l'ame de tous ceux qui vous approchent. Mais quelle entreprife pour moi qu'un pareil Éloge ! & que pourrais-je dire d'ailleurs qui ne mît tous mes Lecteurs dans le cas de me répondre : » Vous avez répété ce que tout le monde » avait entendu cent fois, ce que nous avons » vu nous-mêmes dans mille occafions ? Daignez donc approuver mon filence, & recevoir les affurances du profond refpect avec lequel je fuis,

MONSEIGNEUR,

De votre Alteffe Séréniffime,

Le très-humble & très-obéiffant Serviteur,
VIEILLARD-DE-BOISMARTIN.

A MADAME PREVOST,

ACTRICE,

Qui a joué dans la Tragédie d'Almanzor le Rôle de Fatime.

SI mon sort moins infortuné
Ne m'eût triftement confiné
Dans un maudit laboratoire,
D'où l'on a proscrit Apollon
Avec les filles de mémoire,
Certes fur mon dur violon
Je vous raclerais quelque hiftoire,
Ou plutôt fur un aigre ton
Je chanterais à votre gloire
Quelque difcordante chanfon.

Oui, Madame, je me ferais un plaifir de vous rendre le même hommage que Voltaire offrait à la jeune Gauffin. Tendre, noble, touchante comme elle, vous mériteriez, comme elle, que le même

Chantre fît publiquement l'Eloge de vos talens. Qui pourrait mieux que lui les célébrer ? Les grands talens veulent être chantés par les grands hommes.

Par quel art celle qui me faisait tendrement sourire dans Zénéïde, m'arrache-t'elle des larmes dans Tancréde ? comment cette simple ingénuité peut-elle se rencontrer avec tant de grandeur & de tendresse dans un même individu ? Oui, si ces Peintres fameux des faiblesses & des passions du cœur humain,

    Pouvaient abandonner ces lieux,
    Où les loix du destin rassemblent
    Les vrais Amis, les demi-Dieux,
    Et les Beautés qui vous ressemblent,

nous les verrions se mêler parmi nous, & joindre leurs applaudissemens à ceux de tous vos Spectateurs.

Voltaire lui-même, ce grand homme, la lumiére de notre siécle, viendrait admirer vos talens, si moins jaloux de son Château il pouvait se résoudre à venir voir des hommes qui n'ont pas assez connu son cœur. Mais qui pourrait peindre les qualités du vôtre ? Pour moi je ne tenterai point une pareille entreprise. Il faut bien se garder de copier le tableau d'un grand Maître, quand on se sent dans l'impossibilité d'égaler son modèle.

PERSONNAGES.

THÉOPOMPE, *Empereur de Bisance.*

ALMANZOR, *fils de Théopompe, mais inconnu.*

FATIME, *amante d'Almanzor.*

ORCAN, *Musulman réfugié à Bisance.*

OSMIN, *confident d'Orcan.*

CRISPE, *confident de l'Empereur.*

ZAIDE, *confidente de Fatime.*

UN OFFICIER.

GARDES.

PEUPLE.

La Scène est à Bisance, aujourd'hui Constantinople.
L'époque du tems des Croisades.

ALMANZOR,

ALMANZOR,
TRAGÉDIE.

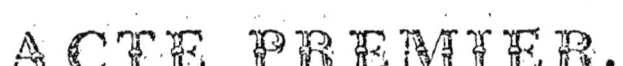

ACTE PREMIER.

SCENE PREMIÉRE.

ORCAN, OSMIN.

OSMIN.

Oui, Seigneur, en ces lieux le brave Argant s'avance,
Il vient sur ces remparts assouvir sa vengeance,
Et soumettre un pays qui tremblerait sous lui,
S'il ne se fût privé de son plus ferme appui;

A

Vous pouvez partager sa grandeur & sa gloire ;
Un éternel oubli n'a point de sa mémoire
Effacé vos vertus, & ces exploits fameux,
Dont vos mains mille fois ont étonné nos yeux.

ORCAN.

Je veux le croire, Osmin, sans doute Argant regrette
Un bras dont la valeur peut venger sa défaite ;
La perte d'un appui qu'il s'est lui-même ôté,
Lui fait de mon secours sentir l'utilité...
La Patrie à mes yeux est sans cesse présente ;
Mais d'un affront sanglant la plaie encor récente,
Nourrit ma défiance, & mes justes soupçons :
Toi-même juges-nous, & pese mes raisons.
Près du trône des Rois, conduit par la victoire,
Je me voyais, Osmin, au comble de la gloire ;
De nombreux Courtisans sans cesse environné,
J'imprimais ma grandeur sur leur front consterné ;
Mais jusqu'au pied du trône attaqué par l'envie,
Par d'indignes rivaux je vis noircir ma vie ;
Ceux même qu'attirait mon rang & ma faveur,
Pressèrent par leurs cris ma chûte & mon malheur,
Je me vis immoler à leur lâche poursuite :
Telle est des Souverains l'ordinaire conduite,
Et peut-être...

OSMIN.

Son cœur ne vous est pas connu.
Contre vos ennemis désormais prévenu,
Pour prix d'une amitié constante, inaltérable,
Il vous offre un apui solide, inébranlable ;
D'ailleurs en combattant, en suivant ses Drapeaux,
Vous placez votre nom parmi ceux des Héros :

TRAGÉDIE.

Vous pouvez, au Sultan, vous rendre formidable;
Et si de vos exploits un oubli condamnable,
Lui faisait quelque jour négliger son appui,
Le bras de son vengeur peut s'armer contre lui;
Mais de l'occasion saisissez l'avantage.
Le Frere du Tyran, Comméne dont la rage
Obligea l'Empereur d'éloigner de sa Cour
Un fils infortuné, l'objet de son amour,
Luttant plus que jamais contre un joug qui l'offense,
Appelle dans son cœur les jours de la vengeance;
Il peut faciliter le triomphe d'Argant,
Et mériter ainsi l'honneur qui vous attend.

ORCAN.

Comméne, me dis-tu, se souleve & conspire?
Quel rapport, quels discours ont donc pû t'en instruire?

OSMIN.

Il conspire; & vous seul feignez de n'en rien voir?
Souvent dans ses regards j'ai lu son désespoir;
J'ai sondé de son cœur la profonde blessure,
Sur-tout il ne peut voir, sans un jaloux murmure,
Ce généreux Guerrier, dont l'heureuse valeur
Défendit ces Etats contre un Sultan vainqueur.

ORCAN.

Je connais Almanzor, défenseur de l'Empire,
Lui seul peut le sauver, lui seul peut le détruire;
Il peut...

OSMIN.

En vain, Seigneur, on voudrait s'en flatter,
Je sais trop de sa part sur quoi l'on doit compter :
Il ne trahira point un Prince qu'il révère,
Que sans doute il chérit, dont la main tutelaire,

ALMANZOR,

Se plut à l'élever au sein de la grandeur ;
Mais s'il ne veut s'armer contre son bienfaiteur,
En forçant l'Empereur à proscrire sa téte,
On peut du moins d'Argant assurer la conquête.

ORCAN.
Comment ? par quel moyen ?

OSMIN.
Vous savez quelle ardeur
L'amour depuis long-tems alluma dans son cœur,
Pour cet aimable objet, cette jeune Etrangère,
Qui compte pour Aïeux ces vainqueurs de la terre;
Ces fiers Patriciens qui jadis à cent Rois,
Au nom d'un peuple libre ont annoncé des loix,
Il vous a confié le feu qui le dévore ;
Vous savez qu'il est cher à celle qu'il adore....

ORCAN.
Eh bien !...

OSMIN.
Ce même objet de ses plus tendres feux,
De l'Empereur aussi posséde tous les vœux...

ORCAN.
Et sur quoi juges-tu ?

OSMIN.
Depuis que dans Bisance
J'ai des secrets de Cour acquis quelque science,
D'un œil plus curieux j'observe l'Empereur :
Tout m'annonce chez lui le trouble de son cœur;
Je l'ai vu quelquefois entretenir Fatime,
Et quoiqu'il affectât un maintien magnanime,
Il fléchit, il gémit sous le joug amoureux.

ORCAN.
Mais comment d'Almanzor a-t'il trompé les yeux ?

TRAGÉDIE.
OSMIN.

Almanzor transporté d'une amoureuse ivresse,
Ne desire, n'entend, ne voit que la Princesse,
Et ses regards toujours sombres, ou satisfaits,
Semblent fixer sans cesse, ou chercher ses attraits;
L'Empereur parlera moins en Amant qu'en Maître;
Fatime à ses transports résistera peut-être;
Ses refus l'aigriront, Almanzor irrité
En croira trop, sans doute, un amour emporté,
Et je prévois qu'enfin ses feux pourront lui nuire.
ORCAN.
Il suffit, cher Osmin, je dois aussi l'instruire...
Mais voici l'Empereur, sortons, en d'autres tems
Je pourrai t'éclaircir des secrets importans...

SCENE II.

ALMANZOR, L'EMPEREUR, ORCAN, GARDES.

L'EMPEREUR.

Demeurez, brave Orcan, votre zèle ordinaire,
Ici plus que jamais peut m'être nécessaire;
Par un zèle constant attaché près de moi,
Je sais combien je puis compter sur votre foi.
(à Almanzor.)
Je ne vous dirai point pourquoi je vous desire;
La grandeur des dangers qui menace l'Empire,
Vous dit assez quels soins occupent mon esprit.
Ces fiers Enfans du Nord que la haine conduit,

Plus nombreux que jamais désertant leurs montagnes,
Sous les drapeaux d'Argant inondent nos campagnes.
Déjà plusieurs Cités ont passé sous ses loix,
Le Danube soumis obéit à sa voix,
Et Bisance aujourd'hui de toutes parts pressée,
D'un Siége inévitable est encor menacée :
J'ai prévu ces malheurs, & trop certain qu'Argant
Ne ménagerait rien contre un voisin puissant,
Qui toujours ennemi d'une secte profane,
A bravé jusqu'ici la rage Musulmane ;
J'ai cherché les moyens de prévenir les coups,
De ce fier ennemi prêt à fondre sur nous :
Mais vous connaissez trop de quelle perfidie,
J'ai moi-même à défendre & mon trône & ma vie ;
Exposé sans relâche aux perfides complots
D'un Frere ambitieux, jaloux de mon repos,
Dont jadis la fureur obligea ma sagesse
A me priver d'un fils dont la tendre jeunesse
A succombé depuis dans le choc des combats.
J'ai gardé près de moi tous ces braves Soldats,
Dont par mille beaux faits la valeur consacrée,
Aurait de mes Etats pû défendre l'entrée,
Et tous nos Forts privés de ce secours puissant,
Ont vu sur leurs remparts arborer le Croissant.
Ma prudence, il est vrai, des champs de la Crimée,
A depuis quelques jours rappellé mon armée ;
Mes Couriers ont volé des remparts de Teflis,
Et du pied du Caucase aux bords du Tanaïs ;
Des plaines par le Tigre & l'Euphrate arrosées,
Mes ordres ont mandé mes Troupes dispersées.

TRAGÉDIE.

J'appelle à mon secours ces peuples agguerris,
Comme nous du Croissant éternels ennemis,
Qui des bords de la Seine & des rives du Tage,
Aux champs Iduméens se sont fait un passage ;
Mais d'un siége assuré le danger trop prochain,
Ne permet pas d'attendre un secours incertain.
Ne comptons que sur nous, & voyons qui nous sommes,
Souvent peu de soldats ont vaincu beaucoup d'hommes.
Qu'importe contre nous l'univers en fureur,
La force d'un Guerrier n'est que dans la valeur.
Dans les mers du Bosphore éteignons une guerre,
Dont les feux rallumés embraseraient la terre.

(à *Almanzor.*)

J'attends tout d'un héros dont le bras triomphant
A soutenu deux fois mon trône chancelant.

(à *Orcan.*)

Et vous, dont je connais le zèle & la prudence,
Vous resterez ici près de moi dans Bisance ;
On parle de révolte & de sédition,
Le peuple se dispose à la rebellion ;
Commêne l'enhardit, & jaloux de mon trône,
Il prétend de mon front arracher la couronne.
Je vois de sa fureur les ressorts odieux,
Je conçois ses projets, cet esprit orgueilleux,
A ramper sous mes loix, ne pouvant se résoudre,
Sur mon trône ébranlé veut allumer la foudre ;
Mais enfin, pour punir ses criminels desseins,
Le ciel a déposé son pouvoir en mes mains ;
Il peut servir ma haine, & ma juste colere
Punirait sans regret un traître dans mon frere.

Je vais avec Fatime aujourd'hui partager
Ce trône & ces honneurs qu'il prétend m'arracher.
Ce n'eſt pas l'amour ſeul qui conclut l'hyménée,
Dont ma main va ſerrer la chaîne fortunée;
J'aigris un frere ingrat, j'irrite ſon orgueil,
A ſa témérité je preſente un écueil;
Cet hymen à ſes vœux ôtant toute eſpérance,
Il briſera ce joug qui l'indigne & l'offenſe;
Et pour éxécuter ſes criminels projets,
Il tentera la foi de mes meilleurs ſujets.
C'eſt-là que je l'attends; la foudre eſt toute prête,
Un mot, un ſeul regard l'attire ſur ſa tête.

(à Orcan.)

Vous cependant veillez ſur les ſéditieux,
Arrêtez leurs complots, ayez ſur tout les yeux.

[à Almanzor.]

Et vous jeune héros, dont l'audace intrépide
A dompté les efforts d'un étranger avide,
Allez dans les combats par de nouveaux exploits
Aux yeux du monde entier, juſtifier mon choix.
Je n'ai point oublié que ma reconnoiſſance
A vos travaux déjà doit une récompenſe :
Je vous donne ma fille, & je veux à l'Autel
Vous unir dès ce jour par un nœud ſolemnel,
De ſon conſentement le mien doit vous répondre.

ALMANZOR.

Seigneur, tant de bontés ont lieu de me confondre;
En expoſant mes jours, en défendant l'Etat,
J'ai rempli mon devoir, c'eſt celui d'un ſoldat;

Je

TRAGÉDIE.

Je n'ai point recherché ce superbe avantage,
La naissance........

L'EMPEREUR.

Je veux réparer son outrage,
Vos glorieux exploits suffisent à mes yeux,
Et la vertu chez vous me tiendra lieu d'ayeux ;
Je veux bien aujourd'hui vous accepter pour Gendre ;
A mon empressement c'est à vous de vous rendre ;
Je vais à la Princesse annoncer son destin,
Vous, disposez Fatime à recevoir ma main.

SCENE III.

ORCAN, ALMANZOR, OSMIN.

ALMANZOR.

Quoi ! le cœur consumé du feu qui me dévore,
Je pourrais renoncer à l'objet que j'adore,
Et dans son tendre cœur d'un vain espoir flatté,
Enfoncer le poignard de l'infidélité !
Non ; d'un forfait si noir mon ame est incapable,
Fatime à mes regards sera toujours aimable.....
  [à Orcan qui feint de s'éloigner.]
Ah ! cher ami demeure, en quels affreux momens
Veux-tu te dérober à mes embrassemens ?
Jamais depuis le jour où mon malheureux pere
Vit borner par la mort sa pénible carriére,
Un trait si déchirant n'avoit percé mon cœur ;
Je gémis dans ton sein du poids de mon malheur.

B

O toi qui lus toujours les secrets de mon ame,
Toi qui connais l'amour qui me brûle & m'enflamme;
Juges de mon tourment par l'excès de mes feux!

ORCAN.

Seigneur, les pleurs sont prêts à couler de mes yeux.
Dans le fond de mon cœur que ne pouvez-vous lire!
Vous verriez quel chagrin le perce & le déchire,
D'une cruelle plaie en secret dévoré,
Rien n'égale l'horreur dont je suis pénétré.
Mais, Seigneur, votre mal est-il donc incurable ?
L'Empereur vous doit tout, & ce bras redoutable
Peut seul de ses Etats maintenir la splendeur ;
Voudra-t'il contre lui tourner son défenseur ?
Croyez, dès qu'il sçaura l'amour qui vous engage,
Que lui-même à vos feux donnera son suffrage....

ALMANZOR.

Tu l'espéres en vain, je connais son humeur,
Et de son cœur altier l'infléxible rigueur ;
Dès qu'il a secoué la gêne du silence,
Tu le verras pour vaincre user de violence:
Et moi qui de l'amour esclave gémissant,
Brûle plus que jamais de son feu pénétrant,
Qui ne veux rien céder à sa grandeur suprême,
Je prévois des malheurs dont je frémis moi-même....

ORCAN.

Faut-il braver pour vous l'univers réuni ?
Commandez & j'y vole......

ALMANZOR.

Ah ! trop fidèle ami,
Que ne puis-je payer de ce jour qui m'éclaire
Ce tendre attachement si doux dans ma misére !

TRAGÉDIE.

Oui, c'est dans les revers d'un destin rigoureux,
Que l'on sent tout le prix d'un ami généreux;
Mon malheur est moins grand si ton cœur le partage;
Je vais, sûr de ta foi, plein d'un nouveau courage,
M'occuper désormais des moyens précieux
D'assurer malgré lui le succès de mes feux....

SCENE IV.
ORCAN, OSMIN.

ORCAN.

DEmeures, cher Osmin, mon amitié sincére
De mes secrets souvent t'a fait dépositaire;
Et je crois aujourd'hui pouvoir te confier
Des projets dont mon cœur s'occupe tout entier;
Mais avant d'en venir à cette confidence,
Ne me déguise rien, parle avec assurance;
Dis-moi, sens-tu toujours cette même fureur
Qui tantôt de ma haine accusait la lenteur?

OSMIN.
Dans mes desseins, Seigneur, je suis inébranlable;
Je conserve à Bisance une haine implacable;
Ces stériles égards & cet accueil serein
N'ont mis à mon courroux qu'un inutile frein.

ORCAN.
Et ce jeune Almanzor dont la main protectrice....

OSMIN.
A ses vertus, Seigneur, je dois rendre justice;

Mais puisque de Bisance Almanzor est l'apui,
Je ne le connais plus que pour mon ennemi.
Vous-même, voyez-vous avec indifférence
De ce Guerrier sur vous l'injuste préférence ?
Pouvez-vous voir, Seigneur, sans un jaloux dépit,
Tomber votre pouvoir, & croître son crédit ?
Ces titres, ces honneurs dont une main peu sage
Couronne des succès que le hazard partage,
Tandis que dans ces murs vous restez dédaigné,
Ne révoltent-ils point votre cœur indigné ?
On méprise un Héros.... pardonnez à mon zèle,
D'un trop juste dépit l'expression fidèle ;
Mais je ne croirai point qu'un accueil affecté
D'un Guerrier tel que vous contente la fierté.
Ah ! ce n'est pas ainsi qu'un Roi plus magnanime
Eut payé les vertus d'un Héros qu'il estime.
Tout ce qui peut tenter un cœur ambitieux,
Serait venu chercher un Guerrier généreux,
Dont l'active valeur, la sagesse profonde
Lui pouvait applanir la conquête du monde.
Si les cris de l'envie & l'importunité
Surprirent une fois sa sévére équité,
Dès que la vérité perçant la nuit obscure,
Eut de vos ennemis confondu l'imposture ;
Par combien de regrets n'a-t'il point effacé
Un Arrêt que son cœur n'a jamais prononcé ?
Je vous l'ai déja dit : oui, Seigneur, il vous aime ;
Près de vous en ces lieux envoyé par lui-même,
J'espérais arracher à ce triste séjour
Un ami dont ses vœux pressent l'heureux retour.

TRAGÉDIE.

ORCAN.

Eh bien, fi le hazard offrait à la vaillance
Les moyens affurés de lui livrer Bifance..:

OSMIN.

Au prix de tout mon fang, Seigneur, j'acheterais
L'heureufe occafion...

ORCAN.

     Ecoute, tu connais
Quel Oracle fameux aux Enfans du Prophête,
De l'Afie & du Monde a promis la conquête;
Les tems font arrivés, nous touchons à l'inftant
Qui doit voir s'accomplir cet Oracle important.
Du Midi jufqu'au Nord, du Couchant à l'Aurore,
Vois la terre foumife au culte que j'honore,
Les defcendans d'Omar fe frayer des chemins
Vers les climats brûlans des peuples Africains,
La Sicile tremblante, & l'Efpagne moins fiére,
Sous le joug Mufulman baiffer fa tête altiére;
Des rives du Jourdain vois les heureux vainqueurs
Y porter notre culte, & nos loix, & nos mœurs;
Des bouches de l'Indus aux mers hyperborées,
Vois les peuples d'Afie, & leurs vaftes contrées,
Affervis fous les loix d'un peuple conquérant,
Refpecter, comme nous, l'Empire du Croiffant:
Tout a fubi fon joug. Seul au milieu du monde,
Inébranlable au choc de l'orage qui gronde,
Cet Empire indompté, ferme en fes fondemens,
Brave encor les efforts des vainqueurs Mufulmans;
Il faut pour l'accabler qu'une main invincible,
Frappe fans différer un coup fûr & terrible;

Oui, je veux qu'Almanzor dans son emportement,
De ma gloire aujourd'hui soit l'utile instrument,
Qu'après avoir du Trône assuré la ruine,
Il reçoive la mort que ma main lui destine.

OSMIN, *avec transport.*

Quoi! vous de ses vertus constant admirateur,
Vous l'heureux confident des secrets de son cœur,
Chargé de ses bienfaits, comblé de son estime,
Croirai-je qu'à ce point la fureur vous anime?
Des malheurs d'Almanzor vous seriez l'artisan...

ORCAN.

Tu connais mal, ami, le cœur d'un Courtisan:
Si tu crois que la voix de la reconnaissance
Etouffe dans son sein les cris de la vengeance:
Va, j'ai su dès long-tems sourdement préparer
L'inévitable piége où je vais l'attirer.
Mais connais-tu celui que je destine au crime,
Dont j'emprunte la main pour entr'ouvrir l'abyme?
Sais-tu que ce Guerrier reçut ici le jour,
Du Rival dont les feux traversent son amour?

OSMIN.

Que dites-vous, Seigneur? Ma surprise est extrême:
Quoi donc! se pourrait-il? Almanzor?

ORCAN.

Oui, lui-même...

OSMIN.

Juste Ciel! Mais comment avez-vous pénétré
Ce secret important du Roi même ignoré?
Par quel moyen......

ORCAN.

Tu sais comment la calomnie
Des poisons de sa bouche ayant noirci ma vie,

J'abandonnai la Cour & les Etats d'Argant,
Arbace me reçut, m'accueillit dans son Camp;
C'est là que ce Guerrier, défenseur de Bisance,
Sous le nom d'Almanzor élevé dès l'enfance,
Pour la première fois vint s'offrir à mes yeux;
Déja plus d'un combat, d'un triomphe fameux,
De l'immortalité lui traçait la carriére;
Mais lorsque la fortune à sa valeur contraire,
Se rangeant du parti des heureux Musulmans,
Eut marqué d'un revers ses succès éclatans;
Lorsque ce même Argant, vainqueur de leur armée,
Du sang des Bisantins inonda la Crimée:
Prêt à perdre le jour sur son fils expirant,
Arbace me remit cet écrit important;

Il lui montre une Lettre.

Des destins d'Almanzor, interpréte fidelle,
La mort envelopa d'une nuit éternelle,
Et le secret d'Arbace, & le sort d'Almanzor.
Suivi de ce Guerrier, j'arrivai sur ce bord,
Je parus à la Cour, sensible au sort d'Arbace;
Le Tyran de ses pleurs honora sa disgrace;
Sous le nom de son fils reçu dans ce Palais,
Almanzor y porta ses larmes & ses regrets;
Et moi qui de son sort avais seul connaissance,
Je cachai prudemment son rang & sa naissance;
Et par un faux écrit l'Empereur abusé,
Pleura d'un fils vivant le trépas supposé.
J'espérais que propice à mon humeur guerriére,
Le destin des grandeurs m'ouvrirait la barriére,
Que des honneurs sans nombre & des titres pompeux,
Rempliraient de mon cœur les vœux ambitieux;

J'ofai former l'efpoir de commander l'armée;
Bien plus, je réfolus, lorfque la renommée
M'aurait gagné l'efprit & le cœur des Soldats,
De monter fur ce Trône où tendaient tous mes pas;
Et parmi les débris, le trouble & la tempête,
De faifir la couronne, & d'en ceindre ma tête.
Trop chimérique efpoir, & dont l'illufion
Aveugla trop long-tems ma fiére ambition !
On craignit d'honorer un Guerrier dont la fecte
Odieufe en ces lieux rendait la foi fufpecte;
De mes prudentes mains on prit foin d'écarter
Un pouvoir dont un jour j'aurais pû profiter ;
A des yeux prévenus ma valeur fit ombrage,
Et quelques vains égards en furent le partage,
Tandis que mon Rival aux honneurs élevé,
Aux plus brillans emplois femblait feul réfervé.
J'en conçus en moi-même une jaloufe rage.
Bientôt un fort heureux te mit fur ce rivage;
Ta préfence, & fur-tout ces entretiens fecrets,
Où la bouche d'Argant exprimait les regrets,
Des biens & des grandeurs l'amorce féduifante,
Et du rang qu'il m'offrait l'image éblouiffante,
Et cet efpoir fi doux qui vint flatter mon cœur
De venger mon affront & d'en punir l'auteur,
(Quand d'un zèle affecté j'empruntais l'apparence,)
Difpoférent ma haine à lui livrer Bifance.

OSMIN.

Pourquoi donc différer ces précieux inftans?
Qui vous a retenu ?....

ORCAN.

    La prudence & le tems.

De nos projets souvent la fortune se joue :
Tel brave la tempête, & près du port échoue ;
Voilà ce qui m'a fait sous des dehors trompeurs
Ensévelir ma haine & cacher mes fureurs.
J'ai choisi les instans, voici le jour propice
Que le sort a marqué pour que ma haine agisse ;
J'attends tout d'Almanzor, à mes vastes projets
Son amour outragé promet un plein succès.
Tu ne le verras point faible & timide esclave
Ramper aveuglément sous la main qui le brave,
Et par un vain devoir lâchement gouverné,
Flatter la passion d'un rival couronné.
L'amour ne connaît point de frein qui le retienne,
Sa main, n'en doute pas, secondera la mienne :
Mais quand j'aurai par lui frapé le coup mortel,
Quand je verrai son bras teint du sang paternel,
Ne crois pas qu'il échape à son juste suplice ?
Sous ses pas aussi-tôt j'entr'ouvre un précipice,
Je l'y plonge moi-même & j'assure en un jour
Sa chûte, mon triomphe, & le perds sans retour.

OSMIN.

Croyez-vous ?.....

ORCAN.

Qu'il combatte ou seconde ma haine,
Sa perte, cher Osmin, n'en est pas moins certaine.
Va, j'ai sçu tout prévoir, il n'échapera pas
Aux piéges de la mort attachés à ses pas.
De cet esprit altier, né pour l'indépendance,
Ménageons avec art la haine & la puissance ;

Argant que nous servons, marche vers ces remparts,
Et bien-tôt nous verrons flotter ses étendarts.
De la fortune, ami, si la faveur te tente,
Saisis l'occasion que le sort te présente;
Viens assurer d'un coup, au gré de ma fureur,
Le triomphe d'Argant, ta gloire, & ma grandeur.

Fin du premier Acte.

ACTE II.

SCENE PREMIERE.

FATIME, ZAIDE.
FATIME.

Aïde, tu le sais, ce fastueux hommage,
Ces honneurs qu'Almanzor obtient par son courage,
Ne semblent pas d'un prix assez grand à mes yeux,
Pour séduire mon ame & mériter mes vœux.
J'aime dans ce Héros ce cœur tendre & sincére,
Qui plaint l'infortuné, soulage sa misére;
Qui seul dans une Cour où mille Adulateurs,
D'un Maître despotique encensent les hauteurs.
Fidèle à son devoir, mais détestant le crime,
Ne lui rendit jamais un culte illégitime.
„ Il n'a point imité ces lâches Courtisans,
„ Du Dieu de la fortune, adorateurs rampans,
„ Avides d'amasser d'innombrables richesses,
„ Pour une ombre d'honneurs prodigues de bassesses,

___

Nota. Les Vers qui se trouvent entre des Guillemets, ont été supprimés à la Représentation.

„ Et qui de la vertu jaloux persécuteurs,
„ Du sang de l'innocent cimentent leurs grandeurs.
„ Arbitre de la paix ainsi que de la guerre,
„ Tant de gloire n'a pû changer son caractére;
„ Affable, prévenant, tendre, humain, généreux,
„ Son plaisir le plus doux est de faire un heureux.
„ D'admirer ses vertus je ne pus me défendre ;
„ Je vis à son hymen mille beautés prétendre.
Juge quels sentimens troublérent mon repos,
Quand je vis à mes pieds cet aimable Héros,
Ignorant mes transports & ma flamme secrete,
De son cœur en tremblant m'avouer la défaite ;
Il semblait qu'élevée au-dessus des mortels,
Je partageais des Cieux l'encens & les autels :
Je promis de l'aimer, il me crut, & ma vie
A ses destins dès-lors pour jamais s'est unie ;
Eh pouvai-je payer d'une moindre faveur,
L'Amant à qui je dois & la vie & l'honneur ?
Rappelle en ton esprit la fatale journée
Où la triste Bisance, au meurtre abandonnée,
Vit parmi les débris, le ravage & le sang,
Sur ses remparts conquis arborer le Croissant,
Où de la même main qui massacra ma mere,
Sur le corps de son fils je vis périr mon pere.
Je crois le voir encor terrible, furieux,
Soutenir des vainqueurs le choc impétueux,
Renverser à son tour leur barriére impuissante,
Ranimer de sa voix ma force défaillante,
M'arracher de leurs bras, & briser les liens
Dont ces Brigands cruels avaient chargé les miens....
On avance... C'est lui. Mais quel triste nuage
Des ombres du chagrin obscurcit son visage ?

TRAGÉDIE.

SCENE II.
FATIME, ZAIDE, ALMANZOR.

ALMANZOR, *dans le fond du Théâtre.*

Juste Ciel ! quel malheur je lui viens annoncer !
Mais, hélas ! que lui dire ? & par où commencer ?

FATIME.
D'où vient à mon aspect ce silence farouche ?
Où fuyez-vous, Seigneur ? qui vous ferme la bouche ?
Qui peut vous allarmer ?

ALMANZOR.
    Jugez-en par mes pleurs....

FATIME.
Ah ! que m'annoncent-ils ?

ALMANZOR.
    Le plus grand des malheurs...

FATIME.
Si vous m'aimez toujours, quels malheurs ai-je à craindre ?

ALMANZOR.
Si je ne vous aimais, je serais moins à plaindre ;
Les Cieux m'en sont témoins, je vous aime, & mon cœur
N'avait jamais brûlé d'une si vive ardeur.
Mais un Rival puissant....

FATIME.
    Quel Rival téméraire
Sans vos vertus, Seigneur, se flatte de me plaire ?

J'ignore quel mortel assez présomptueux,
Pour un cœur tout à vous, ose former des vœux :
Mais quel qu'il soit enfin ; quel que soit sa puissance,
Je saurai bien forcer son amour au silence....
Quel est-il ?....

ALMANZOR.

Ah ! Madame, épargnez à mon cœur....

FATIME.

N'importe.... parlez...

ALMANZOR.

C'est...

FATIME.

Achevez...

ALMANZOR.

L'Empereur.

FATIME.

Ah ! que m'aprenez-vous ? l'Empereur !

ALMANZOR.

Oui lui-même,
Lui qui croit tout permis à sa grandeur suprême,
Qui pour mieux s'assurer le don de votre main,
A sa fille aujourd'hui veut unir mon destin.

FATIME.

O Ciel ! & vous pourriez ?....

ALMANZOR.

Est-ce à vous de le croire?...
De mes engagemens perdez-vous la mémoire ?
En vain pour m'éblouir il étale à mes yeux
L'apareil imposant d'un hymen glorieux.
Je ne sçais point encor, amant lâche & parjure,
Immoler ma tendresse à ma grandeur future,

TRAGÉDIE.

Ne l'apréhendez pas? Je vois avec dédain
Du rang qui m'eſt offert le bonheur incertain;
Ma bouche vous promit une amour éternelle,
Ce ferment ſi ſacré mon cœur le renouvelle :
Et que peut-il m'offrir pour me dédommager
D'un bien qui m'apartient & qu'il oſe éxiger ?
Quel trône ne ſerait arroſé de mes larmes,
S'il n'était embelli par l'éclat de vos charmes ?
Calmez de votre eſprit les ſoupçons dangereux,
A votre amant, à vous, ils ſont injurieux....

FATIME.

Que vous connaiſſez mal le tourment que j'endure!
Je ne ſoupçonne point un cœur dont je ſuis ſûre ;
Mais, hélas ! que de maux j'apréhende pour vous !

ALMANZOR.

Je n'en redoute aucun, l'amour les vaincra tous;
Ce bras, ce même bras qui conſerva Biſance,
Saura vous affranchir d'une injuſte puiſſance :
Je briſerai vos fers, repoſez-vous ſur moi,
A la gloire, à l'amour je ſçai ce que je doi.
Juſte Ciel, s'il oſait ! raſſurez-vous, Madame,
Le Roi, n'en doutez point, prompt à dompter ſa flamme,
Ne m'expoſera pas à lever contre lui
Ce fer qui de ſon trône eſt le plus ferme apui;
Mon bras plus que jamais lui devient néceſſaire,
Seul je puis étouffer ou fomenter la guerre,
Seul je puis à mon gré préſerver ſes Etats
Des périls dont Argant menace nos climats.
Il ſçait ce que je puis, il connaît ma vaillance,
Et ſe gardera bien d'irriter ma vengeance.

ALMANZOR,

Vous l'allez voir paraître, & bien-tôt à vos yeux
Dévoilant ses transports....

FATIME.

Ou avance en ces lieux....
Que vois-je ? juste Ciel ! c'est lui-même ; à sa vue
D'un noir pressentiment je sens mon ame émue....

SCENE III.

L'EMPEREUR, ALMANZOR, FATIME, CRISPE, GARDES.

L'EMPEREUR.

Seigneur, Argant paraît, déja l'Hebre tremblante
Sur ses bords allarmés voit flotter le Croissant ;
Avant que ce torrent inondant nos rivages,
Porte dans nos cités la mort & les ravages,
Paraissez dans le camp, disposez mes soldats
A recevoir demain le signal des combats.
Mais avant de partir, que l'hymen de ma fille
Vous place pour jamais au sein de ma famille ;
Instruite de mon choix, elle va sur vos pas
S'avancer vers le temple, & passer dans vos bras.
Allez, & de l'Autel marchant à la victoire,
Remplissez l'Univers du bruit de votre gloire....

ALMANZOR.

Seigneur, plein des bontés que vous daignez m'offrir,
L'espoir de m'acquitter, l'ardeur de vous servir
Vont guider mon courage au milieu des batailles.
Vous m'annoncez qu'Argant marche vers nos murailles,

Et

TRAGÉDIE.

Et pourquoi donc, Seigneur, ne le pas prévenir ?
Quand la gloire a parlé, l'amour doit-il gémir ?
La voix de la victoire a frappé mon oreille ;
Je sens à ses accens mon ame qui s'éveille ;
J'y vole, & je reviens, digne de vos bontés,
en regardant Fatime.
Dégager des sermens que l'amour a dictés.

SCENE IV.

L'EMPEREUR, FATIME, ZAIDE, CRISPE, GARDES.

L'EMPEREUR.

JE ne viens point ici par une vaine adresse
De votre cœur, Madame, exciter la tendresse,
Et d'un fard imposteur colorant mes discours,
D'un amant ordinaire employer les détours.
Un Monarque, un Guerrier, plus grand dans son
    hommage,
Ne sçait point emprunter ce frivole langage ;
Et sûr d'être écouté, quand il offre son cœur,
Rejette l'artifice & parle en Empereur.
Privé depuis long-tems d'un fils que sa naissance
Devait placer un jour au trône de Bisance,
Je ne souffrirai point qu'un frere ambitieux,
Trop jaloux d'un pouvoir qui fatigue ses yeux,
Se flatte plus long-tems de régner en ma place ;
Pour lui ravir l'espoir qui nourrit son audace,

D

Cette main de l'hymen va rallumer les feux,
Vous seule dans ma Cour avez fixé mes yeux,
Et je veux que le nœud d'un second hymenée
Pour jamais à vos jours joigne ma destinée.
Mais... quoi... vous soupirez & paraissez trembler !.....
Mon offre a-t'elle rien qui vous doive troubler ?
Quoi donc, de son amour quand un Roi vous honore,
Qui peut vous allarmer ? expliquez-vous... j'ignore
Ce qui peut m'attirer cette injuste froideur.
Ennemi des détours d'un amant imposteur,
J'explique ouvertement mes transports & ma flamme,
Et c'est aussi l'aveu que j'attends de votre ame....

FATIME.

Seigneur, de vos bontés mon cœur reconnaissant
Ferait pour m'acquitter un effort impuissant ;
A cet étrange aveu, s'il faut que je réponde,
Je ne m'attendais pas que le Maître du monde
Montrant un cœur sensible à mes faibles attraits,
Dût jamais m'honorer de si rares bienfaits ;
Et dépouillant pour moi l'éclat qui l'environne,
Déposât à mes pieds son sceptre & sa couronne.
Mais, je dois l'avouer, l'offre de votre foi,
Ce trône & ces honneurs ne sont pas faits pour moi ;
A ce noble lien trop d'intérêt s'opose :
Pour un plus digne objet que votre main dispose
De ces mêmes grandeurs.....

L'EMPEREUR.

Ces modestes refus
Ne font que relever l'éclat de vos vertus ;
Et plus vous vous croyez indigne de l'Empire,
Plus je dois à mes vœux vous presser de souscrire.

TRAGÉDIE.

FATIME.

Mais, Seigneur, croyez-vous que docile à vos loix,
Bifance aveuglément approuvé votre choix?

L'EMPEREUR.

Eh! que m'importent donc les difcours du vulgaire?
Ne me fuffit-il pas que vous fçachiez me plaire?
Que je vous aime enfin?....

FATIME.

     Ah! Seigneur, voulez-vous....

L'EMPEREUR.

Je veux vous couronner & vivre votre Epoux,
Partager avec vous la fuprême puiffance.
Je n'examine point ce que dira Bifance,
Et ne crois pas qu'un peuple affervi fous mes loix,
Contre mes volontés doive élever la voix...
Qu'il les condamne ou non, fi vous daignez vous rendre...

FATIME.

Non, Seigneur, à ce rang je ne dois point prétendre,
Le devoir me défend de fouffrir que mon Roi
Pour m'élever à lui defcende jufqu'à moi.

L'EMPEREUR.

Ce difcours, je l'avoue, a lieu de me furprendre:
Madame, votre Roi ne devait pas s'attendre
A recevoir de vous ces injuftés refus;
Laiffez, laiffez plutôt ces détours fuperflus,
Dites qu'un autre obtient l'aveu que je defire,
Et vous fait dédaigner l'offre de mon Empire....
Mais avez-vous penfé, Madame, de quel prix
Ces refus offenfans peuvent être fuivis?
Songez qu'à mes regards, rien ne peut vous fouftraire,
Qu'un Rival, quel qu'il foit, doit craindre ma colére,

D 2

Et que la foudre prompte à partir de mes mains,
D'un sujet insolent préviendra les desseins....

FATIME.

Je sais ce qu'est un Prince & ce que sa puissance
Peut exiger, Seigneur, de notre obéissance;
Mais je sais que mon cœur armé de fermeté,
Est au-dessus du joug de son autorité.
Ah! consultez plutôt un transport magnanime....

L'EMPEREUR.

Oui, je consulterai la fureur qui m'anime:
Sûr qu'un autre est aimé, je ne veux que savoir
Le mortel orgueilleux qui, plein d'un vain espoir,
Prétend à mon amour disputer la victoire,
Pour laver dans son sang l'affront fait à ma gloire....
Si ses jours vous sont chers; si vous craignez sa mort,
Croyez-moi, réprimez son amoureux transport,
Et condamnez son cœur à gémir en silence :
Allez, de cet avis pesez bien l'importance.

SCENE V.

L'EMPEREUR, CRISPE, GARDES.

L'EMPEREUR.

EH bien, t'attendais-tu qu'un outrageant mépris
De mes feux dédaignés serait l'indigne prix?
Si j'avais su trahir ma franchise ordinaire,
Sur ses caprices vains régler mon caractère,
De son cœur orgueilleux caresser la fierté,
En flattant ses attraits enfler sa vanité;

Crois-moi, loin d'affecter un orgueil si sauvage,
Son amour eût été le prix de mon hommage;
Mais un Roi ne fait point, timide Adulateur,
D'un soupir affecté mandier la faveur;
Et domptant de l'amour les honteuses allarmes,
Il dédaigne un triomphe arrosé de ses larmes.
Elevé dans les Camps, nourri dans les Combats,
J'imite les Guerriers dont j'ai suivi les pas;
Je sais, à leur exemple, allier sans bassesse,
Les soins de ma grandeur aux soins de ma tendresse:
L'amour peut dans mon sein se changer en fureur,
Mais jamais ses soupirs n'amolliront mon cœur.
Je puis quand je voudrai vaincre sa résistance,
Et contraindre l'amour d'encenser ma puissance;
Mais dis-moi, n'as-tu rien démêlé dans ses yeux,
Qui décele l'ingrat qui traverse mes feux?

CRISPE.

Je n'ai rien remarqué, Seigneur, qui justifie
Les jalouses fureurs dont votre ame est saisie....
L'amour est soupçonneux, il s'allarme aisément;
Mais quand il serait vrai qu'un plus heureux Amant,
Epris, ainsi que vous, des yeux de la Princesse,
Aurait su sous ses loix captiver sa tendresse....

L'EMPEREUR.

Eh bien?....

CRISPE.

Dévriez-vous, prompt à vous irriter....

L'EMPEREUR.

Si je devrais punir quand on m'ose insulter?
Quel intérêt si vif à prendre sa défense,
Te fait parler ici pour l'ingrat qui m'offense?

ALMANZOR, &c.

Dût le Ciel que j'attefte embraffer fon parti,
Je punirai l'ingrat par qui je fuis trahi.
Vous qui parlez pour lui, veillez fur la Princeffe,
Répondez-m'en....

CRISPE.

Seigneur, vous auriez la faibleffe...

L'EMPEREUR.

à part.

Répondez-m'en, vous dis-je; un autre obtient fa foi,
haut.
Mais, malheur au Rival qui l'emporte fur moi.

Fin du fecond Acte.

ACTE III.

SCENE PREMIERE.

ORCAN, ALMANZOR, TROUPE DE GUERRIERS.

Marche guerriére dans l'entr' Acte.

ALMANZOR *à sa suite.*

Généreux Compagnons de mes travaux guerriers,
Qui venez sur mon front de ceindre des lauriers,
Bien-tôt nos ennemis, confus de leur défaite,
Vont s'élancer sur nous du fond de leur retraite :
Allez, disposez-vous à de nouveaux combats,
Et songez que la gloire accompagne mes pas.

(*à Orcan.*)

Eh bien ! de mon rival que faut-il que j'attende ?
D'un sentiment jaloux crois-tu qu'il se défende ?....

ORCAN.

De ses emportemens vous me voyez frémir,
Seigneur, dans ses soupçons tout sert à l'affermir ;

Rien ne peut le calmer fur tout ce qui vous touche;
L'amitié vainement a parlé par ma bouche,
Et je ne réponds pas que son aveuglement
En faveur du Héros veuille épargner l'amant.

ALMANZOR.

Ah! qu'il prenne mes jours; le trépas que j'affronte,
D'un supplice plus grand m'épargnera la honte.....

ORCAN.

Quoi donc! vous pourriez voir dans cet instant fatal
Passer tant de vertus dans les bras d'un rival?

ALMANZOR.

Moi je couronnerais l'auteur de ma ruine,
Moi je pourrais flatter la main qui m'assassine.
Je ne suis point parjure.... un devoir détesté
Enchaîne seul mon bras par l'amour excité;
Mais je sens trop le prix du tréfor qu'il m'enleve,
Pour souffrir lâchement que son hymen s'acheve....
Je sens qu'à le trahir il pourra m'en coûter,
Au rang de ses amis il daigna me compter,
Je me vois après lui le plus grand de la terre;
Mais, dis-moi, dois-je enfin m'immoler pour lui plaire?
Ce sceptre qu'en ses mains ma main pourrait briser,
Lui donne-t'il le droit de me tirannifer?
Au rang de ses sujets je n'ai point pris naissance;
Et lorsque dans ces murs qu'a sauvés ma vaillance,
J'offris à l'Empereur le secours de mon bras,
La générosité seule y porta mes pas.
» Nul sujet, nul devoir n'arrête mon courage,
» A la Cour d'un ingrat qui me brave & m'outrage,
» Et je puis bien sans crime en quittant ses Etats
» Lui ravir un secours que je ne lui dois pas.

Rien

TRAGÉDIE.

Rien ne m'arrête ici, tout m'y blesse & m'irrite,
Tout doit loin du palais précipiter ma fuite;
Mais avant de partir je veux en arracher
L'amante dont en vain on veut me détacher.
Suis mes pas...

ORCAN.

    Mais, Seigneur, sans tenter cette voie,
N'est il que ce moyen de lui ravir sa proie?
Ce grand cœur toujours ferme à l'aspect du danger,
Dans un projet plus haut craint-il de s'engager?
À votre ambition la fortune prospére,
Ouvre à votre valeur une noble carriére;
Contemplez l'Univers, voyez les Léopards
Et le Lion Belgique, & l'Aigle des Céfars,
Dévorer, engloutir la fertile Syrie;
Des climats fortunés de la molle Italie :
Jusqu'aux antres glacés des habitans du Nord,
Le Fanatifme étend l'empire de la mort;
Aux superstitions la nature est livrée,
Du sang des Nations la terre est énivrée,
Et le monde ébranlé jusqu'en ses fondemens,
Prépare la nature à de grands changemens.
Des peuples consternés la crise épouvantable,
Et d'un Rival puissant la flamme redoutable,
Marquent à votre bras le coup qu'il doit fraper.
Le tems presse, gardez de laisser échapper
Un instant précieux, peut-être irréparable.
De vos destins, Seigneur, mon sort inséparable
Partage vos dangers, sans ambitionner
D'autre prix, d'autre honneur que de vous couronner.
Marchons jusqu'à l'Autel, écrasons cette Idole,
Objet d'un vain respect & d'un culte frivole;

E

Sous l'effort réuni de nos bras triomphans,
Que ce trône écroulé succombe....

ALMANZOR.

Je t'entends....
Il est de ces mortels à qui leur cœur pardonne
Ces forfaits éclatans que le succès couronne,
Qui sous le dais assis, fiers de l'impunité,
Portent sans nuls remords un sceptre ensanglanté.
De ces tristes Grandeurs je n'ai point l'ame éprise,
Je sens tout leur néant, ma vertu les méprise;
Leur éclat imposteur n'a point sçu m'éblouir,
Et je les connois trop pour vouloir en jouir.
Des passions des Grands, la foule impétueuse
N'a point environné ma jeunesse orageuse :
Je ne les connais point; mais quand l'ambition
Eût versé dans mon sein son dangereux poison,
J'aurois sçu m'en guérir. Tout ce que j'envisage,
D'un grand événement m'offre le sûr présage :
Je le vois comme toi, la désolation
Etend sur l'Univers sa domination;
Je vois avec douleur le sort de cet Empire,
Que j'ai long-tems servi, dont la Grandeur expire,
Si ma main un moment cesse de lui prêter
L'inébranlable appui qui seul peut l'arrêter
Sur le bord de l'abime où son penchant l'entraîne.
Je l'aurais soutenu ; mais la voix souveraine
De l'amour qui gouverne & maîtrise mes sens,
Entraîne loin d'ici mes pas obéissans.
J'abandonne à jamais cette horrible contrée,
Mais du moins à ma haine elle sera sacrée ;

Elle ne verra point son triste défenseur
Acheter de son sang le nom d'usurpateur.
ORCAN.
Mais.....
ALMANZOR.
Je n'aprouve plus ce zèle illégitime,
L'amitié n'a point droit de conseiller un crime.....
ORCAN.
Qui peut vous inspirer cet étrange discours ?
Est-ce un crime à vos yeux de conserver ses jours ?
ALMANZOR.
Oui, quand l'honneur attend qu'on les lui sacrifie.....
ORCAN.
Mais l'honneur rampe-t'il devant la tyrannie ?
Le cruel vous opprime....
ALMANZOR.
A-t'il moins fait pour moi ?..
ORCAN.
Mais l'ingrat vous poursuit....
ALMANZOR.
Mais je lui dois ma foi....
ORCAN.
Des sermens les plus saints lui-même il vous dégage;
Ne peut-on justement prévenir un outrage ?...
ALMANZOR.
Le Ciel qui fait les Rois prend soin de les venger;
C'est à nous de gémir, lui seul peut les juger....
Ne crois pas, si l'amour que tes yeux ont vu naître,
De ce cœur déchiré ne se fût rendu maître;
Que jamais la terreur glaçât ma fermeté.
Calme dans les dangers & dans l'adversité,

A fléchir sous le fort je ne puis me résoudre,
Dût la nature entière à mes pieds se dissoudre :
Je la contemplerais fixement.... Mais l'amour,
L'amour est mon vainqueur, son cri plaintif & sourd
Sans cesse m'attendrit, sans cesse me rapelle
Une Princesse aimable, une Amante fidelle,
Prête à perdre le jour pour m'avoir trop aimé,
De son péril, ami, mon courage allarmé,
S'oublie en ce moment, & dans mon trouble extrême,
Je ne me connais plus, je ne suis plus moi-même :
Ce n'est qu'en l'arrachant au fort qui la poursuit,
Que je puis retrouver le repos qui me fuit.
Si mes jours te sont chers, si tu trembles pour elle,
Tu peux me seconder, je l'attends de ton zèle....
Mes pas sont observés ; mais je puis par tes soins
Entretenir Fatime un instant sans témoins....
Je dois à ce départ préparer sa constance.

ORCAN.

Vous le voulez, j'y cours ; mais je tremble d'avance,
Que ces ménagemens, ce respect indiscret
Ne soient bien-tôt suivis d'un éternel regret....

SCENE II.

ALMANZOR, seul.

Quittons ces tristes lieux... l'affreuse politique
En proscrit les vertus, c'est le ressort unique
Qui dirige des cœurs par l'intérêt formés,
Et d'un Tyran farouche en tout tems opprimés...

TRAGÉDIE. 37

Mais Fatime à mes yeux ne s'offre point encore ;
Guide ses pas vers moi, juste Ciel que j'implore....

SCENE III.
ALMANZOR, FATIME, ZAIDE.

ALMANZOR.

MAdame, il faut quitter ces dangereux climats;
Théopompe est instruit, il observe nos pas.
Dans son aveugle rage, il frémit, il menace,
Gardons-nous d'opposer une inutile audace
Aux fiers emportemens d'un Rival courroucé,
Terrible, d'autant plus qu'il se croit offensé :
Il faut abandonnant ce malheureux rivage,
Chercher loin de ces lieux un port contre l'orage....
De notre fuite Orcan concerte les moyens,
A ses soins vigilans je vais joindre les miens....
Venez... Mais dans vos yeux quelle tristesse est peinte?
D'où vient que la douleur sur ce front est empreinte?
Que craignez-vous, Fatime ? & d'où vient cet effroi ?
Parlez, quels sont ces pleurs, ce trouble où je vous voi ?
N'osez-vous ?......

FATIME.

Ah ! ce doute outrage votre Amante :
Est-ce à vous d'ajouter à ma douleur cuisante ?
Je sais que sans blesser une austére pudeur,
Je puis me dérober à mon persécuteur ;
Mais un peuple leger, enfant de l'injustice,
Nous absout, nous condamne au gré de son caprice ;

Notre g'oire dépend de fes Arrêts douteux,
Et l'honneur......

ALMANZOR.

De l'honneur jugez par d'autres yeux,
Ce fantôme impofant paré d'un nom fublime,
Que le fage dédaigne, & que le peuple eftime,
N'eft fouvent en effet que l'art trop dangereux
De cacher fes forfaits fous des dehors heureux,
Le jufte qu'on noircit, fûr de fon innocence,
Des difcours indifcrets méprife la licence,
Et d'une vaine gloire abandonnant le foin,
N'a que le Ciel pour juge, & fon cœur pour témoin :
C'eft l'honneur qui m'anime & c'eft lui qui m'ordonne.

FATIME.

Eh bien, à vos confeils... Seigneur, je m'abandonne.

ALMANZOR.

Avançons......

SCENE IV.

L'EMPEREUR, ALMANZOR, FATIME, ZAIDE, CRISPE, GARDES.

L'EMPEREUR.

Arrêtez... où portez-vous vos pas ?
D'où vient à mon afpect ce muet embarras ?

TRAGÉDIE.

Que faisiez-vous ici ?... Que disait la Princesse ?
ALMANZOR.
Je venais l'assurer....
L'EMPEREUR.
De quoi ?
ALMANZOR.
De ma tendresse....
Seigneur, & sur le point de quitter ce séjour,
Jurer à ses beaux yeux une éternelle amour.
Cet aveu vous surprend, mais telle est ma franchise,
Peut-être avec plus d'art le crime se déguise ;
Qui n'a fait que le bien doit s'expliquer sans peur ;
Je l'aime, je l'adore, & c'est tout mon bonheur :
J'ajouterai de plus que rien ne peut éteindre
Un feu qui devant vous ne saurait se contraindre,
Et que je crois pouvoir espérer du retour
De celle à qui mon bras a conservé le jour....
L'EMPEREUR, *a Fatime.*
De vos détours enfin je vois quelle est la cause,
Voilà donc le Rival que votre amour m'opose ;
Il est en mon pouvoir, ses jours sont en mes mains ;
(*à Almanzor.*)
Mais vous qui m'annoncez ces superbes desseins,
Quand je vous daigne admettre au sein de ma famille,
Prépariez-vous, ingrat, cet affront à ma fille ?
Voilà donc les raisons du refus....
ALMANZOR.
Oui, Seigneur,
Non que tant de vertus ne parlent à mon cœur,
D'un don bien glorieux c'est payer mon courage ;
Mais dans les fers d'une autre un nœud sacré m'engage ;

J'ai reçu ſes ſermens, elle a reçu les miens,
L'amour de nos deux cœurs a ſerré les liens;
Et je crois que pour moi la loi la plus ſacrée,
Eſt de garder la foi que ma bouche a jurée.
Mais quoi! ſi les vertus ont bien ſçu vous charmer,
Eſt-ce à vous de me faire un crime de l'aimer?

L'EMPEREUR.

Tout autre dans ſon ſang laverait cette offenſe;
Mais je veux bien encor ſuſpendre ma vengeance,
Et puiſqu'une autre a ſçu captiver votre ardeur,
Je ne veux point ici, Tyran de votre cœur,
Vous forcer à l'hymen qui révolte votre ame;
Mais auſſi ſongez bien à dompter une flamme
Dont l'indiſcret aveu commence à m'irriter;
Soupirez en ſilence, & craignez d'éclater.
Allez....

ALMANZOR.

Je ſors; mais vous, ſi vous voulez m'en croire,
De vos feux pour jamais éteignez la mémoire;
Ou ſi votre raiſon ne les vient étouffer,
Songez bien au Rival dont il faut triompher....

L'EMPEREUR.

De ces emportemens, Gardes, qu'on me délivre....
Dans ſon apartement ayez ſoin de le ſuivre....

SCENE VI.

SCENE V.

L'EMPEREUR, FATIME, ZAIDE, CRISPE, GARDES.

L'EMPEREUR.

EH bien ! Madame, eh bien ! est-ce assez m'insulter ?
Quel est donc cet orgueil que je ne puis dompter ?
Avez-vous oublié les droits du diadême ?
Ou bien vous flattez-vous que j'ignore moi-même
Les moyens d'obtenir de vos retardemens
Ce que vous refusez à mes empressemens ?
Mon sceptre à vos genoux, l'offre de ma couronne,
Mes hommages, mon rang, l'éclat qui l'environne,
Ce trône qu'avec vous je veux bien partager,
Est-il un titre vain qui ne puisse arracher
L'aveu que mon Rival obtient sans résistance ?
Madame, songez-y ; si votre obéissance
Ne répare à l'instant l'affront que j'ai reçu ;
S'il faut que mon espoir désormais soit déçu,
Tremblez......

FATIME.

De ce discours la menace inutile
N'altére point la paix d'un courage tranquille ;
Et puisqu'il faut sans fard & sans déguisemens
Dévoiler à vos yeux mes secrets sentimens,
Je parlerai, Seigneur, au Tyran qui m'accable,
Avec la fermeté d'une ame inébranlable :
Sçachez donc que malgré vos stériles efforts,
Cet amour tout-puissant le suivra chez les morts :

F

Que votre bras vengeur sur moi s'apesantisse,
Préparez vos tourmens, ordonnez mon suplice;
Je le répéte encor, rien ne peut m'ébranler,
Je braverai vos coups tout prêts à m'accabler.

L'EMPEREUR.

Pensez-y bien, Madame, il faut qu'on m'obéisse,
Ou s'apréter à voir expirer son Complice.

FATIME.

Seigneur......

L'EMPEREUR.

Choisissez, dis-je, & ne répliquez pas.

FATIME.

Voulez-vous?....

L'EMPEREUR.

Parlez.....

FATIME.

Mais....

L'EMPEREUR.

Vous balancez...

FATIME.

Hélas!

SCENE VI.

L'EMPEREUR, CRISPE, GARDES.

L'EMPEREUR.

L'Ingrate, elle me fuit, elle sort sans répondre;
Par son morne silence elle croit me confondre:
» Moi, je pourrois me voir obligé de ployer
» Sous un mortel obscur que je puis foudroyer!

TRAGÉDIE.

» Quoi ! tandis qu'il n'eſt point de beauté ſi hautaine,
» Que mon rang ne rendît plus ſuperbe & plus vaine,
» Qui ne briguât l'honneur de pouvoir ſous ſes loix
» Aſſervir un Amant ceint du bandeau des Rois :
» L'ingrate avec hauteur rejette un diadême,
» Que ſon Roi ſur ſon front veut attacher lui-même.
» On m'oppoſe un Rival ; & quel eſt cet Amant ?
» Un mortel que mon ſouffle a tiré du néant,
» Et qui, ſi je daignais conſulter ma colére,
» Rentrerait à ma voix au ſein de la pouſſiére.
Mais pourquoi ménager un ſujet odieux ?
Quel eſt donc l'aſcendant terrible, impérieux,
Que ce Rival altier prend ſur toute mon ame ?
Pourquoi quand il vantait ſon inſolente flamme,
Un ſecret mouvement venait-il retenir
Le bras de ma fureur prêt à l'anéantir ?
Ah ! plus l'ingrat a ſu gagner ma confiance,
En m'offrant des vertus la trompeuſe apparence,
Plus ma haine ſur lui devrait s'appeſantir,
C'eſt un crime de plus dont je dois le punir....
Allons ; mais quel tranſport excite ma furie ?
Dans quels lieux l'immoler ? puis-je trancher ſa vie
Sur ces remparts témoins des efforts de ſon bras,
Témoins de ſon triomphe, à l'aſpect des Soldats,
Qui l'ont vu mille fois ſuivi de la victoire,
Moiſſonner en courant les lauriers de la gloire ?
Que dis-je ? tout ici me parle en ſa faveur :
Irai-je aux yeux d'Argant immoler ſon vainqueur ?
Les murs de ces Palais, ces voûtes, cette enceinte,
Le ſang des Muſulmans dont elle eſt encor teinte ?

Ces dépouilles, ces dards & ces drapeaux sanglans,
De sa triste valeur éternels monumens,
Condamnent hautement ma barbare injustice....
Je ne puis ordonner ce fatal sacrifice......

SCENE VII.

L'EMPEREUR, CRISPE, GARDES, UN OFFICIER.

L'OFFICIER.

Seigneur, près de ces lieux le brave Orcan....

L'EMPEREUR.

Eh bien.

L'OFFICIER.

Demande au moment même un secret entretien...

L'EMPEREUR.

(à l'Officier.)   (à Crispe.)

Il suffit.... Ecoutez, je porte un cœur sensible,
Mon ame à la pitié n'est point inaccessible ;
Mais je suis offensé, trahi dans mes amours,
Tout autre qu'Almanzor eût payé de ses jours.
Je veux bien cependant excuser son audace,
Je lui donne un moment pour mériter sa grace ;
Mais après cet instant, j'en jure par les Cieux,
Je ne consulte plus que l'amour furieux.

Fin du troisiéme Acte.

ACTE IV.

SCENE PREMIÉRE.

L'EMPEREUR, ORCAN, GARDES, OSMIN.

L'EMPEREUR.

E ce complot perfide es-tu bien informé ?
Brave Orcan...

ORCAN.

Son deſſein n'eſt que trop confirmé.
Seigneur, lui-même ici, tantôt, en confidence,
Du ſoin de ſa retraite a chargé ma prudence...

L'EMPEREUR.

Le perfide ! C'eſt peu de me déſobéir,
De m'oppoſer des feux que je devrais punir ;
C'eſt peu de me couvrir d'une honte éternelle,
En dictant les refus d'une femme rebelle ;
Il faut qu'à cet excès il porte la noirceur.
Je m'accuſais tantôt d'un excès de rigueur,
Et prompt à l'excuſer, ma facile clémence,
Peut-être de ſa flamme eût dédaigné l'offenſe ;

ALMANZOR,

Mais ce dernier affront dans mon cœur furieux,
D'un courroux mal éteint vient rallumer les feux,
Peut-être aussi plus haut a-t-il osé prétendre.

ORCAN.

C'était le moindre coup que vous deviez attendre.

L'EMPEREUR.

Comment ? que me dis-tu ?...

ORCAN.

Seigneur, n'en doutez pas,
Il devait la ravir du sein de vos Etats,
Et de vos ennemis ménageant l'alliance,
De leur chef contre vous implorer l'assistance....

L'EMPEREUR.

Quoi ! le traître !......

ORCAN.

Seigneur, tel était son projet...

L'EMPEREUR.

Que ne te dois-je point pour prix d'un tel bienfait !
Mais dans ces lieux bientôt Almanzor va se rendre,
Je l'ai mandé, je veux moi-même ici l'entendre ;
Je veux voir de quel front couvrant ses attentats,
J'entends du bruit, quelqu'un adresse ici ses pas :
Laisse-nous, & sois sûr que ma reconnaissance
Réserve à ton service une ample récompense....

TRAGÉDIE.

SCENE II.

L'EMPEREUR, ALMANZOR, GARDES.

L'EMPEREUR.

EH bien, de vos projets êtes-vous satisfait ?
En avez-vous en tout bien assuré l'effet ?
Parmi tant de climats voisins de cet Empire,
Quel est l'heureux pays où vous devez conduire,
Au sortir de ces murs, le dépôt précieux
Que votre amour prétend enlever de ces lieux ?

ALMANZOR.
Seigneur, un tel discours....

L'EMPEREUR.
     A lieu de vous surprendre;
Un Guerrier tel que vous est peu fait pour l'entendre :
Je crois aveuglément un crime supposé,
Et je condamne à tort un Héros accusé.
Mais parlez, quel que soit l'orgueil qui vous inspire,
Pour vous justifier qu'avez-vous à me dire ?

ALMANZOR.
Rien, Seigneur... J'ai voulu l'enlever de vos bras,
Loin de m'en excuser je ne m'en repens pas ;
Et si vous prétendez me ravir ma conquête,
Il faut la conserver aux dépens de ma tête.
Croyez-moi, prévenez les éclats dangereux,
Où malgré moi l'amour entraînerait mes feux ;

Prévenez par ma perte un malheur infaillible,
Ou si vous n'y mettez un obstacle invincible,
J'irai jusqu'à l'autel, malgré vous, à vos yeux,
Enlever ma Princesse à la face des Cieux.
Ces Cieux, témoins sacrés de l'affront que j'endure,
Me prêteront leurs traits pour venger mon injure...
Nul péril désormais ne saurait m'effrayer,
Je la disputerais à l'univers entier......

   L'EMPEREUR.
Ainsi loin de fléchir le courroux qui m'anime...
Vous bravez jusqu'au bout...

   ALMANZOR.
       Et quel est donc mon crime?
Ne puis-je aimer enfin celle qui m'a charmé,
Que mon bras a vengée, & dont je suis aimé?

   L'EMPEREUR.
Ah! traître, cet amour dont l'ingrate t'honore
Te rend à mes regards plus criminel encore,
Que l'odieux projet que ta rage a conçu,
De m'arracher des mains le pouvoir absolu....

   ALMANZOR.
Qu'entens-je? Juste Ciel! quel horrible langage!
Est-ce à moi que s'adresse un si sanglant outrage?
A ce lâche soupçon votre cœur peut s'ouvrir;
D'un opprobre éternel vous voulez me couvrir;
Nommez l'accusateur que ma voix doit confondre,
C'est le fer à la main que je veux lui répondre,
C'est en le punissant de m'avoir outragé....
Ah! j'atteste le Ciel que je serai vengé!...
          L'EMPEREUR.

TRAGÉDIE.

L'EMPEREUR.

Cessez de vous parer d'une inutile audace,
Mes yeux dans votre cœur lisent ce qui se passe,
Vos perfides projets ne sont que trop connus,
Et ces emportemens deviennent superflus...

ALMANZOR.

Qu'entens-je! quels discours ! une horrible imposture
Flétrit donc à vos yeux la vertu la plus pure :
Contre vos ennemis ces remparts protégés,
Vos Etats par moi seul reconquis & vengés ;
Rien d'un soupçon honteux n'a donc pû me défendre.
Ah ! si l'ambition m'avait fait entreprendre
L'exécrable complot que l'on m'ose imputer,
Pourquoi, cruel, pourquoi ne pas l'exécuter,
Dans ces jours malheureux marqués par le carnage,
Où Bisance livrée aux horreurs du pillage,
Vit inonder son sein du sang de ses Enfans?
Où vous-même entouré d'un peuple d'Assiégeans,
Opposiez à leurs coups pour unique défense
D'un courage affaibli la molle résistance ?
Moi seul à leurs efforts j'opposai mes regards,
De leurs rangs consternés je brisai les remparts ;
Moi seul dont aujourd'hui vous flétrissez la gloire,
Près de vos étendarts j'ai fixé la victoire :
J'ai triomphé pour vous, & vous pouvez penser
Que le vengeur du Trône aurait pû s'y placer.
Du sort des nations j'aime à me voir l'arbitre,
Et je défends les Rois sans envier leur titre ;
Mais si pour mon malheur le destin courroucé,
Sous le Dais, dans la Pourpre en naissant m'eût placé,

G

Ami de mes sujets, moins leur Roi que leur père,
Ma clémence en tout tems leur aurait été chére;
Soumis moi-même aux loix, une auſtére équité
Eût réglé les effets de mon autorité;
Je me ferais montré digne du diadême,
En domptant mes tranſports, en régnant fur moi-même,
Et fur-tout en vengeant d'un inſolent diſcours
La gloire d'un Guerrier défenſeur de mes jours....
Peut-être qu'Almanzor avait droit de l'attendre;
Mais au moins ma vertu ſuffit pour me défendre,
Et j'ai pour me laver d'un odieux ſoupçon,
La voïx de l'univers, mes exploits & mon nom....

L'EMPEREUR.

Tant d'orgueil convient mal à la vertu ſublime
D'un Héros accuſé que l'honneur ſeul anime;
Et quant à ces travaux ſi grands, ſi glorieux,
Ils ne vous rendent pas innocent à mes yeux:
Tel dans un rang moins haut a défendu le Trône,
Qui placé près des Rois aſpire à leur Couronne.
Si vous m'avez ſervi, peut-être que mon choix
Etait un prix au moins digne de vos exploits:
Ceſſez de m'oppoſer, de me vanter encore
Un nom jadis fameux, qu'un crime déshonore;
Si je ne conſultais que mon juſte tranſport,
Ma réponſe eût été l'arrêt de votre mort.
Gardez-vous d'affecter une vaine conſtance,
De la Princeſſe il faut vaincre la réſiſtance,
Vaincre ſes fiers mépris, & l'obliger enfin
A donner à mes vœux & ſon cœur & ſa main....

TRAGÉDIE.

ALMANZOR.

Cruel, si votre rage espére m'y contraindre,
Inventez des tourmens qu'Almanzor puisse craindre....

L'EMPEREUR.

Ah ! je sais les moyens de dompter cet orgueil,
Ta criminelle Amante aux portes du cercueil,
Pour terminer son sort n'attend que ta réponse,
Un mot peut la sauver ou la perdre, prononce,
Parle...... Que ce délai commence à m'irriter !....
Holà ! Gardes, à moi !...

ALMANZOR.

Qu'allez-vous attenter ?
De vos emportemens craignez la violence....

L'EMPEREUR.

Ses jours me répondront de ton obéissance ;
Dans ton cœur ébranlé j'ai su porter l'effroi,
Il me suffit, on va l'amener devant toi ;
Mais en l'entretenant sur-tout qu'il te souvienne
A quel prix je ménage & ta vie & la sienne....

SCÉNE III.

ALMANZOR, seul.

J'Ai peine à revenir de mon accablement.
Est-ce à moi qu'il parlait ? par quel enchantement
Ai-je pû retenir la fougue impétueuse ?......
Faut-il que du devoir la voix impérieuse
Parle si fortement pour un ingrat ?...

ALMANZOR,

SCÈNE IV.

FATIME, ALMANZOR.

FATIME.

Seigneur,
J'ai non loin de ces lieux rencontré l'Empereur ;
» Ses farouches regards étincellaient de rage,
» Son abord a glacé mon timide courage :
» Ne vous quittait-il pas ? quels étaient ses discours ?
» L'avez-vous offensé ? Parlez-moi sans détours ;
» Hâtez-vous, dissipez mes mortelles allarmes :
» Vous vous taisez, hélas ! je vois couler vos larmes.
Cruel ! ayez pitié des troubles de mon cœur.

ALMANZOR.

Eh ! pourquoi voulez-vous en redoubler l'horreur ?
Rien ne peut désormais prévenir notre perte,
De nos tristes projets la trame est découverte.

FATIME.

O Ciel !...

ALMANZOR.

Il n'est pas tems encor de vous troubler,
Il est d'autres malheurs qui vous feront trembler.

FATIME.

Que dites-vous ?....

ALMANZOR.

L'ingrat sans respect pour ma gloire
Ose des trahisons m'imputer la plus noire ;

TRAGÉDIE.

Je ne suis qu'un rebelle au crime abandonné,
Jusqu'à l'assassinat par l'amour entraîné.

FATIME.

Se peut-il ? juste Ciel !....

ALMANZOR.

     Ce n'est pas tout, Madame;
Si vous ne répondez à sa funeste flamme;
Si vous ne couronnez ses coupables amours;
S'il n'obtient votre main, c'en est fait de nos jours.

FATIME.

Qu'entens-je ! Mais pourquoi sa barbare injustice
Exige-t'elle ainsi ce double sacrifice ?
Si mon sang suffisait pour fléchir sa fureur....

ALMANZOR.

Ah ! quel serait mon sort ? quel serait mon bonheur,
Si dans mon propre sang sa colére assouvie,
Contente de ma mort respectait votre vie ?
Mais puisque du destin l'inflexible courroux
Arrache à mon amour un espoir aussi doux....
Puisque le seul moyen que sa rigueur nous laisse...

FATIME.

Arrêtez, c'en est trop, respectez ma tendresse;
,, Ne me proposez pas de me déshonorer,
,, Connaissez mieux un cœur qui sut vous adorer.
,, Ah ! si c'est un tourment affreux, inexprimable,
,, De passer dans les bras d'un Maître redoutable,
,, Pour qui le cœur, toujours déchiré de remords,
,, N'a jamais de l'amour senti les doux transports;
,, Quel serait aujourd'hui le sort de votre Amante,
,, Si d'une peur servile, esclave, obéissante,

Tandis que mon penchant m'entraînerait vers vous,
Je pouvais me résoudre à prendre pour époux
Un Tyran sanguinaire, & dont l'amour barbare
De tout ce qui m'est cher pour jamais me sépare,
Dont les lâches discours s'efforcent de flétrir
Un Héros qu'il devrait respecter & chérir ;
Qui m'offre d'une main le rang d'Impératrice,
Et de l'autre à mes yeux présente le supplice ?

ALMANZOR.

Mais, Madame, songez....

FATIME.

     Non, je n'entends plus rien,
De grace épargnez-moi cet horrible entretien :
Voulez-vous, de concert avec la tyrannie,
Contribuer vous-même au malheur de ma vie ?
Quel hymen ! juste Ciel ! quel barbare vainqueur !
Est-ce la foudre en main qu'on triomphe d'un cœur ?
Ne me proposez plus un nœud que je déteste.

ALMANZOR.

Le coup ainsi qu'à vous m'en deviendra funeste :
Mais la nécessité......

FATIME.

    N'autorise jamais
Ce que la vertu met dans le rang des forfaits ;
„ C'est trop vous allarmer du péril qui me presse,
„ De mon malheureux sort laissez-moi la maîtresse ;
„ Et puisque le destin contre nous irrité
„ S'oppose désormais à ma félicité,
„ Promettez-moi pour prix de mon ardeur sincére,
„ Que vous respecterez ma volonté derniére.

TRAGÉDIE.

» J'aurais voulu, Seigneur, en vous donnant ma foi,
» M'acquitter envers vous de ce que je vous doi;
» J'en attefte le Ciel, & déja votre Amante
» Se faifait de fon fort une image charmante:
» Efpoir trop enchanteur, & que mon cœur flatté
» Pour mon malheur, hélas ! n'a que trop écouté;
» Puifqu'un Arrêt fatal à mon amour, au vôtre,
» Nous défend déformais d'afpirer l'un à l'autre;
» Mais je ne prétends point que mes faibles appas,
» Au-devant de la mort précipitent vos pas,
» Ni qu'un excès d'amour pour une infortunée,
» Vous faffe partager ma trifte deftinée.

ALMANZOR.

» Cruelle, eft-ce donc là ce feu pur & facré
» Dont vos tendres difcours m'ont cent fois afsuré ?
» Eh, que m'importe donc une vie odieufe,
» Qui fans vous déformais ne faurait être heureufe ?
» Voulez-vous que glacé d'une indigne terreur
» Je démente aujourd'hui le bruit de ma valeur ?
» Irai-je autorifer l'injurieufe hiftoire
» Des bruits dont l'avenir flétrira ma mémoire ?
» Ah ! fous vos propres coups, puifqu'il faut expirer,
» Arrachez-moi le jour fans me déshonorer.
Eh quoi ! mon défefpoir n'allarme point votre ame,
Vous recherchez la mort, & moi j'y cours, Madame;
Et puifqu'il faut du fang à mon perfécuteur,
Du moins des premiers coups j'obtiendrai la faveur.

FATIME.

Ah, cruel ! arrêtez....

ALMANZOR.

Retirez-vous, barbare,
Et n'accufez que vous du fort qu'on nous prépare;
Vous feule contre moi prompte à vous déclarer,
Précipitez le coup qui va nous féparer.
» Eh bien, Madame, il faut affouvir votre haine;
» Ceffez de m'affurer d'une tendreffe vaine;
» Dites, dites plutôt que jamais votre cœur
» N'a reffenti pour moi qu'une invincible horreur;
Que vous me déteftez !.....

FATIME.

O Ciel! par quel outrage
Ai-je donc mérité cet horrible langage?
» Ces larmes que je verfe, avez-vous pû penfer
» Qu'un efpoir criminel me les ait fait verfer?
» Quel fort eft donc le mien ? Quand mon bonheur fu-
    prême
» Eft de m'entretenir fans ceffe avec moi-même,
» De vous, de vos bienfaits en tous lieux répandus,
» De vanter en tous lieux l'éclat de vos vertus,
» Je fuis une parjure, & dont l'ingratitude
» Se fait de vous tromper une perfide étude,
» Ah ! lorfque vous couriez affronter un danger
» Que ma tendre amitié ne pouvait partager,
» Si vous aviez fenti quelles rudes allarmes
» M'infpiraient les hazards & les malheurs des armes;
» Si votre amour, ingrat, avait pû concevoir
» Quel était de mon cœur le mortel défefpoir,
» Quand la terreur offrait à mon ame tremblante,
» D'un Amant expiré la peinture effrayante,

» La

TRAGÉDIE. 57

» La nuit, la sombre nuit, me trouvait dans les pleurs,
» Et l'aurore naissait sans calmer mes douleurs :
» Vous seul, vous dissipiez les mortelles atteintes
» Qui livraient mon amour à d'éternelles craintes,
» Lorsque des coups du sort garanti par les Cieux,
» Un retour triomphant vous rendait à mes vœux;
» Que sur ce front brillant des rayons de la gloire,
» J'attachais les lauriers cueillis par la victoire;
» Mais non jamais en proie aux maux que je ressens,
» Vous n'avez partagé mes tendres sentimens;
» Absent & loin des yeux d'une Amante attendrie,
» Vous prodiguiez des jours où j'attachais ma vie,
» Et c'est vous dont la bouche ose encor m'accuser
» De trahir mes sermens, & de vous mépriser :
» Ce qui serait d'amour une marque certaine,
» Est pour vous seul, ingrat, une marque de haine.
» Je suis bien malheureuse ! Eh, qu'ai-je fait au Ciel
» Pour m'accabler ainsi d'un courroux éternel ?
» Hélas ! je n'aspirais qu'au bonheur de vous plaire,
» Je voyais en dédain le reste de la terre,
» Et j'aurais avec vous préféré d'humbles toits
» A l'appareil pompeux qui suit les plus grands Rois;
» Mais vous regretteriez le bonheur d'une Amante,
» Et son malheur certain est tout ce qui vous tente.
Eh bien, courez, volez au-devant du trépas,
Mon amour outragé ne retient plus vos pas;
Mais sachez que la mort qui vous est assurée,
A peine de vos jours tranchera la durée ;
Que mon bras à l'instant tourné contre mon sein,
Affranchira mes jours d'un pouvoir inhumain;

H

Mais quoi, vous soupirez & craignez de répondre,
Vous détournez les yeux & semblez vous confondre;
Vous doutez de mon cœur, vous doutez de ma foi.
  ALMANZOR, *se jettant à ses pieds.*
Eh bien, puisqu'il est vrai que vous brûlez pour moi,
Au nom de cet amour rendez-vous à mes larmes.
   Se relevant avec feu.
Mais que dis-je, calmez ces frivoles allarmes,
Puisque d'amour pour moi ton cœur est embrasé,
Que m'importent les feux d'un Rival méprisé?
Pardonne les fureurs de mon ame attendrie,
L'amour les enfanta, que l'amour les expie.
Ton Amant enflammé par tes divins appas,
A sa vaine grandeur ne te cédera pas;
Qu'il porte ailleurs ses vœux, & qu'ailleurs il soupire,
Mais qu'il respecte un cœur qui pour moi seul respire,
D'une puissance injuste il faut nous affranchir,
Quels que soient les dangers, je saurai les franchir.

SCENE IV.

ALMANZOR, FATIME, ORCAN, QUELQUES SOLDATS.

ORCAN.

Seigneur, quelques amis qui marchent à ma suite,
Viennent de ce Palais seconder votre fuite.
  ALMANZOR.
Ami, veille en ces lieux, je cours sauver ses jours,
Et sûr de vaincre après je vole à ton secours....

TRAGEDIE.

(*à Fatime.*)

Marchons, puisque ton ame à mes jours enchaînée
Préfére le trépas à ce lâche hymenée ;
Avançons hardiment, suis mes pas, cette main
Sur des monceaux de morts va t'ouvrir un chemin.

SCENE V.

L'EMPEREUR, ORCAN, OSMIN, GARDES.

L'EMPEREUR.

(*à Osmin.*)   (*à ses Gardes.*)

O Ciel ! que m'as-tu dit ?.... Gardes, qu'on le saisisse,
Qu'il soit chargé de fers.... Arrêtez sa complice,
Qu'elle soit à l'instant presentée à mes yeux....
Vengeance précipite un transport furieux...

ORCAN.

Seigneur, vous le voyez......

L'EMPEREUR.

Oui, je vois que le traître
Trop indigne en effet des bontés de son maître,
Quand je dois n'écouter que mon ressentiment,
Trouve encor dans mon cœur un Dieu qui le défend;
Vainement contre lui j'excite ma colère,
Je le traite en coupable & le chéris en pere ;
Je ne sais quel remord à mon cœur attendri,
Fait sourdement entendre un lamentable cri.

ORCAN.

Et d'où vous vient, Seigneur, cette crainte frivole?
L'EMPEREUR.
Regardes dans quels lieux tu veux que je l'immole....
Il semble que ces murs témoins de ses exploits,
Contre mes cruautés vont élever la voix....

SCENE VI.

L'EMPEREUR, ACTEURS PRÉCÉDENS, GARDES, FATIME.

FATIME.

AH, Seigneur! permettez qu'à vos pieds je déploie
Les mortels déplaisirs où mon ame se noie;
Je ne me plaindrai point que sans me consulter,
De l'espoir d'un retour vous vous laissiez flatter;
Qu'abusant de vos droits, vous commandiez en maître
Un amour que vos soins auraient dû faire naître.
Je connais trop le prix du rang que vous m'offrez,
Ce rang inattendu, ces biens inespérés,
Ne sont pas impuissans sur une ame flexible,
Et ma reconnaissance est un tribut sensible
Qui doit auprès de vous m'acquitter pleinement;
Mais je ne puis payer d'un autre sentiment,
Les bontés que sur moi votre main veut répandre;
Et si de vous, Seigneur, je puis encor l'attendre,
J'ose vous conjurer de ne pas me dicter
Des sermens que mon cœur ne saurait adopter:

TRAGÉDIE.

Je demande la mort, mon refus la mérite;
Mais si je respectais la loi qui m'est prescrite
Par l'Amant que l'on veut me forcer à trahir,
Vous verriez dès ce jour tous vos vœux s'accomplir.

    L'EMPEREUR, *froidement.*

Tant de reconnaissance a lieu de me surprendre;
A cet étrange effort je n'ai pas dû m'attendre;
Je sais quel prix je dois au Rival généreux
Dont la tendre amitié s'intéresse à mes feux...

       Vivement.

Mon cœur n'est point ingrat... Allez, rentrez, Madame,
Je ne vous presse plus de souscrire à ma flamme,
Et quand il sera tems de fixer vos destins,
Je vous ferai savoir mes ordres souverains....

SCENE VII.

L'EMPEREUR, ORCAN, GARDES.

L'ÉMPEREUR.

Oi, de ton zèle, ami, reçois la récompense,
 Je remets en tes mains le destin de Bisance;
Muni de mon pouvoir, suivi de mes Soldats,
Va venger ton affront, va venger mes Etats;
Je dois à ta vertu le jour que je respire,
Et je veux te devoir le salut de l'Empire.

SCENE VIII.

ORCAN, OSMIN.

ENfin, grace à mes soins, tout succéde à mes vœux;
Théopompe séduit par un mensonge heureux,
Détourne ses regards du piége où je l'attire;
Mais le sort peut changer tant qu'Almanzor respire;
Pour mieux fraper le coup dont ma grandeur dépend,
Allons de son trépas précipiter l'instant.

Fin du quatriéme Acte.

ACTE V.

SCENE PREMIÉRE.

L'EMPEREUR, ORCAN, OSMIN.

L'EMPEREUR.

J'Ai pesé vos raisons, je n'y puis condescendre,
D'un reproche secret j'ai peine à me défendre;
Quelque soit sa fureur, ses services passés,
Par son offense, ami, ne sont point effacés :
Je ne puis prononcer cet ordre sanguinaire,
Je sens à son aspect un trouble involontaire,
Je crains d'être réduit, si j'ose l'immoler
A regretter le sang que j'aurai fait couler.

ORCAN.

Seigneur, ainsi que vous, une terreur secrette
Me trouble en sa faveur, m'attendrit, m'inquiette;

Tout coupable qu'il eſt, je n'ai point oublié
Que je lui fus uni par la tendre amitié,
Sur-tout de ſes bienfaits mon ame confondue,
Ne peut ſans friſſonner en fixer l'étendue;
Au ſupplice pour lui vous me verriez courir,
Si par-là j'eſpérais pouvoir vous acquérir
Un ami véritable, un appui ſtable & ferme;
Mais s'il faut qu'aujourd'hui votre haine renfermé
Des mécontentemens qui devraient éclater,
Je crains, je l'avouerai, qu'il n'oſe exécuter
L'horrible trahiſon que ſa rage a tiſſue.
Vous-même, croyez-moi, prévenez-en l'iſſue;
Le peuple le chérit, il en eſt révéré;
Et parmi les Soldats dont il eſt adoré,
Des plus ſéditieux la licence hardie
Pourrait de la révolte allumer l'incendie:
Alors, mais vainement, vous voudrez l'étouffer;
D'un obſtacle ſans force il ſaura triompher;
Autour de ſa priſon une foule attirée,
Pour le ſauver, Seigneur, peut en forcer l'entrée;
Je les ai vus frémir, & ce ſoulevement......

OSMIN.

Oui, Seigneur, on murmure aſſez ouvertement;
Le peuple mutiné laiſſe échapper des plaintes,
Et s'il faut m'expliquer librement & ſans feintes,
Je ne vous cache pas que l'indignation
Souffle déja les feux de la ſédition.
Si vous laiſſez, Seigneur, ſon audace impunie,
Vous êtes-vous flatté que lui-même il oublie,
Qu'au ſéjour des forfaits par votre ordre plongé,
Il s'eſt vu de vos fers honteuſement chargé?

Pour

Pour moi je crains, Seigneur, que la main qui la flatté,
A de nouveaux forfaits n'invite une ame ingrate.

L'EMPEREUR.

Mais si de son trépas je prononce l'Arrêt,
De son supplice, Osmin, si j'ordonne l'apprêt,
Ce peuple audacieux qui pour lui s'intéresse,
Pourrait venger......

ORCAN.

S'il meurt, ce vain tumulte cesse;
Ils entendront, Seigneur, avec soumission
L'irrévocable Arrêt de sa proscription :
Mais si vous différez ce triste sacrifice;
S'il faut que votre cœur vous-même vous trahisse,
Le peuple alors croira qu'il s'est fait redouter;
Et j'appréhende....

L'EMPEREUR.

Eh bien, il pourra m'en coûter;
Un noir pressentiment m'importune & m'afflige,
J'y consens malgré moi, mais l'intérêt l'exige :
Toi, tandis que je vais disposer de son sort,
D'un ennemi puissant va repousser l'effort.

SCENE II.

FATIME, L'EMPEREUR, GARDES.

FATIME.

AH! Seigneur, arrêtez......

L'EMPEREUR.

Sortez de ma présence...

FATIME.

Daignez....

L'EMPEREUR.

Il n'est plus tems, la voix de la clémence,
Et pour vous & pour lui s'est fait entendre assez.
Puisqu'il faut me venger, puisque vous m'y forcez,
Je pairai vos dédains : vous avez cru, peut-être,
Que d'inutiles pleurs fléchiraient votre Maître.
Eh bien, que désormais vos yeux désabusés
Frémissent des malheurs que vous aurez causés.
Suivez mes pas ; je veux que votre front palisse
A l'aspect des tourmens qu'il est tems qu'il subisse.
Venez, dis-je......

FATIME.

Ah ! Seigneur, pour fléchir ce courroux,
Commandez : que faut-il ?....

L'EMPEREUR.

M'accepter pour époux,
Me suivre dans le temple, & par un prompt hommage
D'un refus obstiné réparer tout l'outrage.
Me jurer......

SCENE III.

ACTEURS PRÉCÉDENS, UN OFFICIER.

L'OFFICIER.

Paraissez, Seigneur, ou désormais
Argant, suivi des siens, entre dans ce Palais....

TRAGÉDIE. 67

Et bientôt......
L'EMPEREUR.
Allons donc les voir & les confondre.
Toi, veille sur Fatime, & songe à m'en répondre.

SCENE IV.

FATIME, GARDES.

FATIME.

TEl est donc du destin l'ordre capricieux!
Il place au rang des Rois ces mortels fastueux,
Qui nés pour le malheur des enfans de la terre,
Ne se montrent jamais qu'armés de leur tonnerre,
Tandis que la vertu, souvent sans dignité,
Rentre dans la poussiére & dans l'obscurité:
Mais, que dis-je, un Héros défenseur de l'Asie
Va périr dans la honte & dans l'ignominie,
Peut-être au moment même.... Ah! cruels, arrêtez
Un instant.... suspendez.... mais les coups sont portés....
Rien n'a pu prévenir sa perte trop certaine:
O monstre que l'Enfer enfanta dans sa haine!
Puisse le Ciel vengeur, ébranlé par mes cris,
Tomber & t'écraser sous ses vastes débris!
Que l'accent du remord dans ton cœur retentisse,
Que l'Enfer réuni s'arme pour ton supplice,
Et que ses feux brûlans allumés dans ton sein
Vengent un jour le sang qu'aura versé ta main.
Vains transports! Le Ciel même insensible à mes peines,

I 2

SCENE V.

ALMANZOR, FATIME, CRISPE, GARDES, PEUPLE, SOLDATS.

ALMANZOR, aux Gardes.

Laches, disparaissez, qu'on les charge de chaînes.

FATIME.

Que vois-je ? Juste Ciel ! en croirai-je mes yeux ?
Par quel coup du destin Almanzor en ces lieux ?
Mon cœur, mon triste cœur peut-il goûter la joie ?...

ALMANZOR.

Oui, Madame, c'est moi que le Ciel vous renvoie,
Qui seul, loin de vos yeux, & pleurant votre sort,
Attendais dans les fers qu'on m'apportât la mort.

En montrant Crispe.

Mais cet ami suivi d'une vaillante escorte,
De ma prison profonde a renversé la porte ;
Il a brisé les fers dont un Rival jaloux
Avait chargé ces mains qui vont s'armer pour vous ;
Il m'a rendu ce fer, instrument de ma gloire,
Et qui va devenir celui de ma victoire.
Sûr du ferme appui que je viens vous offrir,
Votre cœur à l'espoir peut désormais s'ouvrir.

Au peuple.

O vous ! à qui je dois ma liberté, sa vie,
Veillez sur le dépôt qu'Almanzor vous confie ;

TRAGÉDIE.

Je la laisse en vos mains, livrez au fer vengeur,
Quiconque prétendrait en sa lâche fureur
Porter sur mon Amante une main criminelle.
A Crispe & aux Soldats.
Et nous volons, amis, où l'honneur nous appelle...

SCENE VI.

FATIME, PEUPLE.

FATIME.

Uel est ce changement que je n'osais prévoir,
Que mon esprit encor a peine à concevoir ?
Est-ce lui qui me quitte, & qui m'a délivrée
De ces monstres cruels dont j'étais entourée ?
Mais pourquoi me quitter ? où porte-t'il ses pas ?
Ciel ! prête-lui ta foudre au milieu des combats :
Venge-le, venge-toi, sa gloire est ton ouvrage,
En flétrissant son nom, c'est toi que l'on outrage.
Mais quoi ! je le connais ; sans doute il va venger
Celui qui dans son sang brûle de se plonger.
Ah ! si d'un tel effort la grandeur héroïque
Fléchissait d'un Tyran la rigueur politique ;
Mais un nouveau service aux yeux d'un Prince ingrat,
Tient lieu trop fréquemment d'un nouvel attentat...
Tu vivrais pour Fatime.... Ah ! je n'ose y prétendre ;
Mais quels cris redoublés se font soudain entendre ?....

SCENE VII.

FATIME, ZAIDE, PEUPLE.

FATIME.

Que fait-il ? l'as-tu vu ? sais-tu quel est son sort ?
Parle, éclaircis mon trouble....

ZAIDE.

Ah, Madame ! Almanzor....

FATIME.

Eh bien, respire-t'il ?....

ZAIDE.

Vous l'allez voir paraître
Plus digne d'être aimé, plus grand s'il pouvait l'être....
Sous les dehors du zèle Orcan nous trahissait,
Au pouvoir des vainqueurs sa fuite nous livrait.
J'ai vu le fier Argant, suivi de ses cohortes,
Renverser par le fer l'obstacle de nos portes ;
Et la flamme à la main animant ses soldats,
Vers les murs du Palais s'avancer à grands pas.
L'Empereur qui des siens veut arrêter la fuite,
Au-devant des dangers vole & se précipite,
Soudain par ses Soldats il se trouve assiégé,
Comméne par Orcan dans ce crime engagé,
Sur son frere à l'instant s'élance avec furie :
Le Roi l'attend, le frappe & le jette sans vie ;
Mais pressé par les siens, entouré d'ennemis,
Il allait succomber sous leurs coups réunis ;

Quand foudain mille cris dont tremble le rivage,
De tous les combattans ont glacé le courage ;
J'apperçois Almanzor, il fond fur les mutins,
L'éclair eft dans fes yeux, la foudre eft dans fes mains.
Il vole à l'Empereur, au torrent qui l'accable,
Oppofe de fon corps le mur inébranlable.
Orcan, le lâche Orcan, & fon complice affreux,
N'ofent braver la mort prête à fondre fur eux,
La fuite les dérobe au coup qui les menace.
Argant, le feul Argant plein d'une vaine audace,
Marche vers l'ennemi qui s'oppofe à fes coups.
» Viens, fuperbe Almanzor, viens, dit-il; c'eft à nous
» A terminer ici les combats & la guerre,
» Viens recevoir le prix d'une ardeur téméraire.
Vous euffiez vu foudain ces deux fiers combattans
S'élancer l'un fur l'autre auffi prompts que les vents.
A ce fpectacle affreux les affiftans frémiffent,
De leurs coups redoublés les Echos retentiffent,
Tous les divers tranfports dont ils font animés,
Se peignent tour à tour dans leurs yeux enflammés ;
Mais bientôt fe livrant à toute fa colére,
Le terrible Almanzor preffe fon adverfaire,
Il l'atteint, il le frappe, & l'homicide acier
Dans fon fang odieux fe baigne tout entier.

FATIME.

Enfin il eft vainqueur ! Ennemis de fa gloire,
Venez le contempler au fein de la victoire ;
Eclatez, mes tranfports, & que tout l'univers
Adore le Héros que je tiens dans mes fers.

ALMANZOR,

SCENE VIII.

ACTEURS PRÉCÉDENS, L'EMPEREUR, ALMANZOR, GARDES, PEUPLE, GUERRIERS.

L'EMPEREUR, *tenant Almanzor par la main.*

NE craignez plus, Madame, une injuste puissance,
Je ne viens point armé des traits de la vengeance,
Forcer votre penchant que je n'ai pû dompter,
A trahir un Amant que je dois respecter.
J'opprimais la vertu sur la foi d'un coupable.
Hélas! souvent des Rois c'est le sort déplorable.

(*à Almanzor.*)

Mais c'est par ses exploits, loin de s'humilier,
Qu'un Héros tel que vous fait se justifier;

[*à Fatime.*]

De mon amour pour lui, sincére & sans partage,
Madame, dès ce jour soyez le premier gage;
Après un tel effort vous jugez si mon cœur,
A banni les soupçons & la haine....

SCENE IX.

ACTEURS PRÉCÉDENS, UN OFFICIER.

L'OFFICIER.

Seigneur,
Un calme plus heureux succéde à nos allarmes;
Le reste des mutins vient de rendre les armes.
Osmin & son complice atteints par vos Soldats,
Ont de leur sang impur payé leurs attentats :
Mais sur Orcan, Seigneur, j'ai trouvé cette lettre,
Et j'ai cru qu'en vos mains je devais la remettre...

L'EMPEREUR.

Quels sentimens confus s'élevent dans mon cœur ?

Il lit.

D'où vient que je frissonne ?... Arbace à l'Empereur.
» Je touche à mon heure derniére,
» J'expire avec mon fils en combattant pour vous ;
» La mort en terminant ma pénible carriére,
» N'a point sur votre fils étendu son courroux,
» Ce bonheur me console au moment où j'expire,
» Sous le nom d'Almanzor...

Ô mon fils ! quel délire
M'armait contre un Rival si cher à mes souhaits ?
Qu'il est doux à mes yeux après tant de regrets,
De te voir à l'Empire élevé par la gloire,
Et déja couronné des mains de la victoire !

ALMANZOR.

Ah ! Seigneur, pardonnez à mes égaremens,
Pardonnez mes fureurs & mes emportemens;
Mon ame à votre aspect interdite, confuse,
Mais l'amour dans ses yeux a gravé mon excuse;
Si la peur de la perdre égara ma raison,
Le remords doit d'un pere obtenir mon pardon.

L'EMPEREUR.

Que tout soit oublié.... Vingt fois de la nature
Dans mon cœur attendri j'ai senti le murmure;
Et quand l'amour jaloux, m'armait contre ton sein,
Toujours un Dieu plus fort a retenu ma main...

(à Crispe.)

« Toi, qui contre mes loix heureusement rebelle,
« M'épargnes les remords d'une action cruelle,
« Vertueux Courtisan, retiens auprès de moi
« Le rang & les honneurs qu'ont mérité ta foi.

(a Fatime.)

« Je ne suis plus surpris, Madame, que votre ame
« Ait conçu pour mon fils une si belle flamme,
« Tant de vertus avaient le droit de vous charmer,
« Et ce Héros sans doute a dû se faire aimer.
Trop heureux mille fois en perdant ce que j'aime,
De pouvoir vous céder à cet autre moi-même :
Venez, que l'amitié, la nature, l'amour,
Dans ce jour fortuné triomphent tour à tour.

Fin du cinquiéme & dernier Acte.

APPROBATION.

J'AI lu, par ordre de Monseigneur LE CHANCELIER, un Manuscrit intitulé : *Almanzor*, Tragédie en vers & en cinq actes, & je n'y ai rien trouvé qui m'ait paru devoir en empêcher l'impression. A Paris, ce 8 Avril 1771.

CRÉBILLON.

www.ingramcontent.com/pod-product-compliance
Lightning Source LLC
LaVergne TN
LVHW050620090426
835512LV00008B/1584